SOMMARIO

PRIMA DELL'ANNO MILLE

DOPO L'ANNO MILLE

Testi e illustrazioni sono tratti da "Il libro della storia", Dami Editore, 1991

Illustrazioni di Tony Wolf
Testi dell'opera originale: Giuseppe Zanini
Adattamento e nuovi testi: Anna Casalis
Redazione: Veronica Pellegrini
Progetto grafico: Daniela Rossato

www.giunti.it

Via Bolognese, 165 - 50139 Firenze - Italia
Via Dante, 4 - 20121 Milano - Italia
Prima edizione: settembre 2011

Fabbricato da:
Giunti Editore S.p.A.
Via Bolognese, 165 - 50139 Firenze - Italia

Stampato presso Giunti Industrie Grafiche S.p.A.
Stabilimento di Prato

TANTE DOMANDE
TANTE RISPOSTE

STORIA

Tony Wolf

DAMI EDITORE

Il Faraone Cheope

Un re potentissimo. Cheope, vissuto quasi 5000 anni fa, fu uno dei più potenti faraoni dell'antico Egitto. Quando in altre regioni della Terra gli uomini abitavano ancora come selvaggi nelle caverne o in povere capanne, Cheope aveva una reggia ricchissima e migliaia di schiavi. Il popolo lo considerava figlio del dio Amon-Ra e gli obbediva ciecamente.

Quando il faraone usciva dalla sua reggia per partecipare alle cerimonie religiose, la gente si inchinava, come davanti a un dio.

La Grande Piramide. Cheope, intorno al 2570 a.C., fece costruire la più grande piramide di tutto l'Egitto. Quel grandioso monumento era la tomba in cui sarebbe stato custodito il suo corpo imbalsamato dopo la morte. Per costruirla furono impiegati migliaia di schiavi, che trainavano a piedi i blocchi di pietra dalle cave, per poi collocarli sempre più in alto man mano che la piramide cresceva.

La medicina. Alla corte di Cheope c'erano medici bravissimi. Alcuni sapevano fare operazioni chirurgiche molto complesse, pur avendo a disposizione strumenti primitivi.

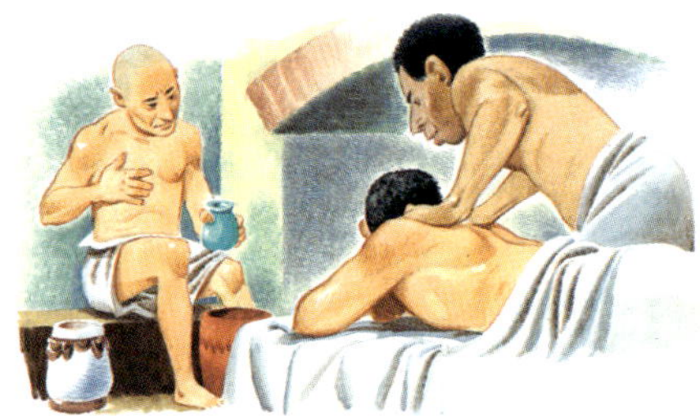

Le mummie. Gli Egizi credevano che l'anima, dopo la morte, continuasse a vivere. Ma era importante tenere il corpo integro, per questo si praticava la mummificazione: il corpo veniva imbalsamato, fasciato in bende profumate e custodito nelle piramidi insieme a cibo, utensili e oggetti preziosi.

In battaglia. Cheope allargò il suo dominio oltre la regione del Nilo. Quando i popoli nomadi che abitavano nel deserto oltre il Mar Rosso si ribellarono, li punì senza pietà.

LO SAPEVI CHE...?

Al tempo di Cheope in Egitto si usava già la scrittura a geroglifici, formata da una serie di segni e simboli. Per scrivere si utilizzavano tavolette di argilla o fogli di papiro.

Mosè

Mosè ricevette da Dio le Tavole della Legge con i Dieci Comandamenti.

Salvato dalle acque. Al tempo dei faraoni, in Egitto vivevano molte tribù di Ebrei che lavoravano come schiavi. Il Faraone Ramses II li temeva perché erano diventati molto numerosi. Così ordinò di uccidere tutti i maschi Ebrei appena nati. Anche Mosè sarebbe dovuto morire, ma sua madre, per salvarlo, lo mise in un cesto sul fiume, in un punto in cui andava a bagnarsi la figlia del faraone. La principessa lo vide, lo fece portare nella reggia e lo allevò come un nobile egiziano. Ma Mosè rimase sempre ebreo nello spirito, e soffriva per il suo popolo in schiavitù.

Il nome Mosè, in ebraico, significa "salvato dalle acque".

Gli Ebrei fuggono dall'Egitto verso il Mar Rosso, guidati da Mosè.

LO SAPEVI CHE...?

Un giorno Mosè, vedendo un sorvegliante che frustava uno schiavo ebreo, gli si avventò contro e lo uccise. Dovette allora fuggire, e rimase per anni nascosto nel deserto.

Gli Ebrei erano l'unico popolo che adorava un solo Dio. Le Leggi ricevute da Mosè erano custodite in una cassa rivestita d'oro, l'Arca dell'Alleanza, posta sotto una tenda che faceva da Tempio.

Oltre il Mar Rosso. Mosè divenne il capo degli Ebrei e li guidò in un lungo viaggio verso l'antica terra dei padri, oltre il Mar Rosso. Quando furono sulla riva del mare, le acque si aprirono miracolosamente per farli passare, poi si richiusero sugli Egiziani che il faraone aveva mandato a inseguirli. Gli Ebrei si fermarono nel deserto del Sinai per molti anni. Qui, in cima a un monte, Mosè ricevette dal suo Dio le Tavole della Legge con i Dieci Comandamenti.

Nel deserto, gli Ebrei vivevano come nomadi, pascolando le pecore. Spesso sacrificavano al loro Dio agnelli e altri animali.

Verso Canaan. Dio ordinò a Mosè di condurre gli Ebrei nella vicina Palestina (o Terra di Canaan), ricca di pascoli e frutti. Dopo molti anni di marcia arrivarono sul Monte Nebo, nei pressi della "Terra Promessa". Mosè era ormai vecchio e morì su quel monte, da cui si intravedevano già i campi e le città destinate al suo popolo.

Dario re dei Persiani

Un grandissimo regno. Circa 500 anni prima di Cristo, i re persiani erano molto potenti e avevano sottomesso tutti i popoli vicini. Persino i ricchissimi faraoni erano stati sconfitti dai soldati persiani, che da tempo avevano conquistato i territori degli Ebrei e dei Babilonesi. All'epoca il loro re era Dario I, un uomo coraggioso che combatté molte guerre e allargò i confini del regno fino all'India.

Province e rivolte. Il regno era diviso in venti province, governate da fedeli servitori che ogni anno inviavano a Dario le tasse raccolte. Appena eletto re, dovette combattere contro alcune province che si ribellavano a questa pratica.

Dario conquistò anche Babilonia.

Per governare il suo vasto regno, Dario fece costruire molte strade che collegavano tutte le province con la capitale.

Per i commerci si serviva di una flotta di navi, che poteva andare dal Mediterraneo al Mar Rosso attraverso un canale fatto scavare in Egitto, dal Nilo al mare.

Contro gli Sciti. Per combattere gli Sciti, guerrieri nomadi che assediavano le frontiere, Dario attraversò il Danubio con un ponte di barche e li ricacciò fino in Russia.

Gran parte delle navi persiane inviate contro i Greci affondarono durante una violenta tempesta.

LO SAPEVI CHE...?

Dario diventò re dei Persiani grazie al suo... cavallo! Per scegliere il nuovo sovrano, infatti, era stata indetta una gara: vinceva il principe con il cavallo più veloce. Vinse quello di Dario.

La sconfitta di Maratona. Dario cercò di sottomettere i Greci, combattendoli per terra e per mare. Dopo una sfortunata battaglia navale, radunò un grande esercito e sbarcò in Grecia, nella baia di Maratona. Era il 490 a.C., i Greci erano pochissimi, ma i loro generali furono astuti: finsero di attaccare i Persiani di fronte, poi di sorpresa li attaccarono ai lati. Per la prima volta, il temibile esercito persiano fu sconfitto.

Alessandro Magno

Il Grande. Alessandro era il figlio di Filippo II, re di Macedonia. Un giorno suo padre, vedendo come era riuscito a domare Bucefalo, il suo cavallo selvaggio che nessuno osava avvicinare, gli disse: «Figlio mio, cercati un regno degno di te, la Macedonia è troppo piccola per te». Infatti, nel 336 a.C. Alessandro divenne re a soli venti anni e iniziò subito ad allargare il suo dominio sul mondo. Disponeva di un esercito eccezionale che combatteva diviso in unità invincibili: le falangi.

Filosofia e sport. Alessandro non era soltanto un guerriero. Suo padre l'aveva fatto educare dai migliori filosofi del tempo e gli aveva dato come maestro il grande Aristotele, il quale gli insegnò anche la letteratura, la scienza, la medicina... Inoltre amava gli sport e le imprese pericolose. Quando non era in guerra, infatti, Alessandro cacciava animali feroci, sfidando i suoi generali.

Ecco una falange, la formazione nella quale combattevano i Macedoni. I soldati affrontavano il nemico stretti corpo a corpo, formando una muraglia invalicabile, irta di lance e spade.

In Egitto. Alessandro sconfisse più volte i Persiani e si impadronì di tutti i loro territori, tra i quali l'Egitto. Qui fondò la città di Alessandria e si fece nominare faraone con una splendida cerimonia.

A Gordio, in Asia minore, pare che esistesse un carro il cui timone era legato con un nodo complicatissimo. Secondo un oracolo, chi l'avesse sciolto sarebbe diventato padrone dell'Asia. Alessandro provò prima a scioglierlo, poi impugnò la spada e lo recise con un colpo netto.

LO SAPEVI CHE...?

Da quel che si racconta, Alessandro eccedeva nel cibo ed esagerava con il vino. Durante un banchetto si sentì male, volle fare un bagno ma stette ancora peggio. Qualche giorno dopo morì, a soli trentatré anni.

La spedizione in India. Non contento di aver conquistato l'impero persiano, giunse al fiume Indo e si spinse nell'India misteriosa. Ma dopo le prime conquiste, i soldati stanchi non vollero più andare avanti e Alessandro dovette ordinare la ritirata. Parte dell'esercito tornò con le navi, parte a piedi con una faticosa marcia nel deserto, durante la quale morirono molti soldati.

Annibale il cartaginese

Il giuramento. Quando Roma, che continuava ad allargare i suoi domini, volle essere padrona anche del Mar Mediterraneo e dei suoi ricchi porti commerciali, si scontrò contro gli interessi di un'altra potente città: Cartagine. Uno dei capi dell'esercito cartaginese, Amilcare Barca, un giorno portò suo figlio Annibale, di soli nove anni, davanti al fuoco sacro e gli fece giurare che avrebbe sempre odiato e combattuto Roma.

In Spagna. Annibale mantenne la promessa: a venticinque anni diventò capo dell'esercito cartaginese e decise di attaccare Roma attraversando la Spagna e la Francia. In Spagna nel 219 a.C. assediò e conquistò Sagunto, alleata di Roma.

Annibale aveva perso un occhio in battaglia.

A Zama, davanti alla carica degli elefanti di Annibale, le coorti romane si aprirono a comando, in modo da colpirli con le lance sui fianchi sguarniti.

Annibale e gli elefanti. Annibale aveva portato con sé molti elefanti da guerra, animali che i Romani non conoscevano. Con questi e con migliaia di muli e cavalli riuscì a valicare le Alpi, attraverso sentieri ripidissimi, coperti di neve. Piombò così di sorpresa in Italia, sconfisse gli eserciti che lo contrastavano e si diresse verso Roma.

Giunto al fiume Rodano, in Francia, Annibale non trovò ponti per varcarlo. Allora decise di far costruire zattere con le quali fece attraversare il fiume a 50 mila uomini e ai loro animali.

Vittorie e sconfitte. Roma ricevette una terribile sconfitta a Canne. I Romani allora mandarono il loro esercito a Cartagine per costringere Annibale a tornare a difendere la sua città. E a Zama, vicino Cartagine, i Romani, comandati da Scipione, sconfissero Annibale nel 202 a.C.

NELL'ANTICHITÀ

Come vestivano

Egizi

Indiani

Greci

Ebrei

Persiani

Romani

Come combattevano

Egizi

Ebrei

Persiani

Greci

Cartaginesi

Romani

Unni

Giulio Cesare

■ **Generale e scrittore.** Il più grande generale romano fu Caio Giulio Cesare. Nato nel 100 a.C., proveniva da una nobile famiglia romana. Giovane, ambizioso e intelligente, scelse la carriera militare e politica. Combatté a lungo contro i barbari, allargando i domini di Roma e sbaragliando cento eserciti. Ebbe molti nemici anche in patria e dovette combattere una sanguinosa guerra civile. Raccontò le sue imprese in due libri famosi, il *De bello gallico* e il *De bello civile*.

■ **In Gallia e in Britannia.** Cesare dimostrò di essere un grande generale conducendo i Romani alla conquista della Gallia, l'attuale Francia. Poi attraversò il mare e conquistò una parte della Britannia, l'attuale Inghilterra.

■ **Vercingetorige.** Cesare dovette lasciare la Britannia per tornare in fretta in Gallia: gli abitanti, guidati dal valoroso Vercingetorige, si erano ribellati asserragliandosi nella città di Alesia. Vercingetorige fu sconfitto e portato a Roma, prigioniero.

esercito romano

La guerra civile. Il Senato romano, temendo che Cesare diventasse troppo potente, gli ordinò di tornare a Roma senza esercito. Cesare disobbedì e rientrò a Roma con tutti i suoi soldati. Scoppiò la guerra civile, ma Cesare vinse di nuovo e diventò capo assoluto dei territori romani.

Durante la guerra civile Cesare andò in Egitto. Lì conobbe la regina Cleopatra e la sposò. Cleopatra lo seguì a Roma, ma dopo la morte di Cesare, nel 44 a.C., rientrò nel suo regno.

La congiura. Cesare era stato avvertito di essere prudente: qualcuno non d'accordo con il suo grande potere voleva ucciderlo. Cesare non se ne curò, ma un giorno fu circondato da un gruppo di congiurati, tra i quali anche Bruto, suo figlio adottivo, e pugnalato a morte con ventitré coltellate.

Vercingetorige e i Galli

Gesù il Messia

Il Vangelo. Gesù predicò la pace e l'amore tra gli uomini. Molti credettero in lui e seguirono i suoi insegnamenti. Ma ebbe anche diversi nemici che, preoccupati di vedere così tanta gente convertirsi alla sua parola, lo condannarono a morte. Così Gesù, a trentatré anni, fu crocefisso. La sua vita e le sue predicazioni sono state raccontate nei Vangeli.

Il simbolo di Gesù è l'agnello, la vittima innocente destinata al sacrificio.

Il Natale. In molti paesi del mondo il 25 di dicembre si ricorda la nascita di Gesù in una capanna a Betlemme, nella Palestina. Era l'anno 753 dalla nascita di Roma, e il primo anno dell'era cristiana. Per i cristiani, Gesù è il figlio di Dio, il Messia promesso agli uomini dalla Bibbia.

I Vangeli, i quattro libri che hanno tramandato gli insegnamenti di Gesù, sono stati scritti dagli apostoli Matteo, Marco, Luca e Giovanni. Ognuno di essi ha un simbolo: Matteo l'angelo, Marco il leone, Luca il toro e Giovanni l'aquila.

Guidati dalla stella cometa, i Re Magi arrivarono a Betlemme e raggiunsero la capanna dove era nato Gesù, per offrirgli i loro doni: oro, incenso e mirra.

LO SAPEVI CHE...?

I primi cristiani, non potendo praticare liberamente la loro religione, si nascosero nelle catacombe, cimiteri sotterranei collegati da una fitta rete di gallerie.

Le persecuzioni. Dopo la morte di Gesù, il Cristianesimo si diffuse rapidamente oltre i confini della Palestina. A Roma i cristiani furono a lungo perseguitati, perché gli imperatori temevano una religione contraria alla violenza e quindi alla politica di potenza del loro impero.

Roma diventa cristiana. Più di 300 anni dopo la nascita di Gesù, l'imperatore romano Costantino ebbe una visione. Era la notte prima della battaglia di ponte Milvio, quando gli apparve in sogno una croce con una scritta che diceva: «Con questo segno vincerai». Costantino allora scelse la croce come insegna dei suoi eserciti e da allora la religione cristiana diventò quella ufficiale dell'Impero Romano.

Mentre Gesù nasceva a Betlemme...

A ROMA

In Europa

A Roma comanda Augusto (dal 27 a.C. al 14 d.C.), il primo grande imperatore. Augusto governa saggiamente, introduce riforme molto importanti e costruisce meravigliosi monumenti in tutto l'impero. La capitale sotto il suo governo diventa una città sempre più bella.

A NOK

In Africa

Roma domina anche il Nord dell'Africa, ma al di là del deserto prosperano altre civiltà, come quella di Nok, sul fiume Niger. I Nok erano un popolo nomade di cacciatori e guerrieri, molto abili nel lavorare il bronzo e altri metalli, ma anche la terracotta. Ne sono testimoni le molte statue arrivate fino a noi.

In Asia

In Cina governano gli imperatori della grande famiglia Han (la dinastia che ha regnato dal 206 a.C. al 220 d.C.), i quali allargano il loro dominio fino ai confini dell'Impero Romano. Attraverso la cosiddetta "via della seta" si sviluppa un ricco e importante commercio con l'Occidente.

In America

Dove adesso c'è il Messico, circa 2000 anni fa era molto fiorente una misteriosa civiltà, quella degli Olmechi, che ci ha lasciato grandi monumenti di pietra. Gli Olmechi adoravano il dio Fuoco, a cui, durante i rituali, sacrificavano anche vite umane. La loro cultura ha molto influenzato le civiltà successive.

Maometto

■ **La visione.** Maometto, che apparteneva a una famiglia araba molto ricca, rimase orfano da piccolo e passò la giovinezza negli accampamenti dei nomadi beduini. Diventato adulto, si mise al servizio di Khadigia, una ricca vedova, e guidò le sue carovane nel deserto. Poi Khadigia diventò sua moglie e gli fu fedele compagna per tutta la vita. Un giorno Maometto ebbe la visione di Allah che gli ordinava di predicare la Verità agli Arabi.

Gli uomini prostrati pregano Allah, come ha insegnato loro Maometto.

■ **L'Islam.** Maometto predicò alla sua gente che esiste un solo Dio, Allah, e che tutti gli uomini devono adorarlo e seguire il suo volere. Chi non lo fa è un infedele e contro gli infedeli bisogna combattere. Per questo gli Arabi portarono avanti molte guerre per sconfiggere gli infedeli, sottomettendo molti popoli in Asia, Africa e persino in Europa.

I successori di Maometto, detti califfi, continuarono a diffondere l'Islam con una lunga serie di guerre.

L'ègira. In quel tempo gli Arabi adoravano molti dei. I cittadini della Mecca non volevano ascoltare Maometto che li incitava a credere in un solo Dio e si ribellarono. Il Profeta allora si trasferì con pochi fedeli in un'altra città, Medina. L'anno di questa migrazione, detta ègira, è il 622 e segna l'inizio del calendario musulmano.

Maometto dettò le rivelazioni di Allah in un libro sacro, il Corano, che descrive tutto quello che un buon musulmano deve fare nella vita per piacere a Dio: come e quando pregare, che cosa mangiare, come vestirsi...

Il ritorno alla Mecca. Da Medina, l'Islam si diffuse tra tutti i beduini del deserto. Quando ebbe molti seguaci, Maometto ritornò alla Mecca, la sua città di origine, e la conquistò. Poco dopo, nel 632, il Profeta morì.

Carlo Magno

■ **L'incoronazione.** Roma, che era stata la capitale di un grande impero, era stata invasa e saccheggiata dai barbari. A Roma risiedeva il papa, il capo della Cristianità, ma anche lui era minacciato dai re barbari. Leone III allora decise di chiedere aiuto a Carlo, re dei Franchi, che aveva fama di essere saggio e giusto. Carlo scese in Italia e sconfisse i nemici del papa, il quale lo incoronò imperatore la notte di Natale dell'800. Nacque così il Sacro Romano Impero.

■ **Un re giusto.** Carlo conquistò i territori di molti popoli. Sconfisse gli Avari, i Danesi, gli Slavi, i Sassoni, i Bavaresi. Non li trattò mai da vinti, ma come sudditi di un'unica nazione, con gli stessi diritti dei Franchi.

Carlo sapeva appena leggere, ma apprezzava la cultura e volle che in tutte le città e nei conventi fossero istituite scuole per istruire i giovani.

■ La prima moglie di Carlo fu la principessa Ermengarda, figlia di Desiderio, re dei Longobardi. Carlo, però, presto si stancò di lei e la ripudiò: Ermengarda, disperata, ritornò dal padre e si rinchiuse in un convento fino alla morte.

■ **Fortezze e città.** Ai confini dell'impero, Carlo fece costruire imponenti fortezze. Alcune si trasformarono in città molto importanti, come Halle e Magdeburgo. La capitale del suo impero era Aquisgrana.

Il Sacro Romano Impero era molto esteso. Per amministrare tutto il territorio Carlo Magno lo suddivise in Contee, governate dai Conti, e Marche governate dai Marchesi. I Baroni invece lo aiutavano negli affari e guidavano le truppe.

La battaglia di Roncisvalle. Carlo Magno fu sconfitto una sola volta. Successe nel 778 a Roncisvalle, sulle montagne verso la Spagna, conquistata nel frattempo dai seguaci di Maometto. Nella battaglia morì il famoso paladino Orlando.

LO SAPEVI CHE...?

Carlo Magno era molto ghiotto di arrosti! Quando si ammalò di gotta (una malattia che viene se si mangia troppa carne), i medici di corte gli consigliarono un'alimentazione più leggera. Ma il sovrano non rinunciò mai ai suoi piatti preferiti!

Erik il Rosso

■ **Gli uomini del Nord.** Intorno all'anno Mille le terre del Nord erano abitate da un popolo di soldati coraggiosi e abilissimi marinai: i Vichinghi. Le loro navi penetrarono in tutti i porti saccheggiando le città, risalirono i fiumi raggiungendo la Russia e le lontane terre dei Saraceni. E in Francia, i Vichinghi Normanni si impadronirono di un'intera regione, che ancor oggi si chiama Normandia.

Erik il Rosso fu il capo più famoso dei Vichinghi. A lui si deve la scoperta e la colonizzazione della Groenlandia. Si pensa che suo figlio, Leif Eriksson, abbia raggiunto l'America molto prima di Cristoforo Colombo.

■ **La fuga.** Erik il Rosso, così chiamato per il colore dei suoi capelli, abitava in Islanda, dove era arrivato con il padre dalla Norvegia in cerca di nuove terre. Un giorno, durante una rissa, uccise alcune persone e dovette fuggire. Aiutato da alcuni amici, costruì una zattera e affrontò l'oceano verso Ovest.

■ **La terra verde.** Erik partì con la famiglia e altri trenta uomini e nel 985 approdò sulle coste di un paese coperto dai ghiacci. Lo esplorò per tre anni e più a sud trovò alcune zone coperte di erba. Le chiamò Groenlandia, cioè "terra verde". Vi ritornò con 5000 persone e 25 navi e vi fondò una colonia.

In Groenlandia, i Vichinghi si dedicavano soprattutto alla pesca. Il pesce veniva essiccato per essere poi trasportato e venduto.

In America. Nella nuova colonia mancavano molte cose, soprattutto ferro e legna, di cui i coloni si rifornivano in Islanda. Un giorno un gruppo di marinai, guidati da Leif, figlio di Erik, arrivò presso le coste dell'America. Qui furono assaliti dai pellerossa che dalle loro canoe li colpirono con archi e frecce.

In Groenlandia i coloni svilupparono anche l'allevamento e costruirono villaggi e fattorie.

QUIZ

METTI ALLA PROVA

1 Con quali grandi animali Annibale oltrepassò le Alpi?

- ◯ DINOSAURI 
- ◯ ELEFANTI 
- ◯ GIRAFFE 
- ◯ CAMMELLI 

3 Che cosa fece costruire il faraone Cheope?

- ◯ UN PONTE 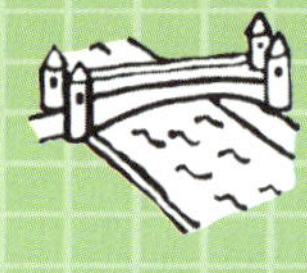
- ◯ UN CASTELLO 
- ◯ UNA PIRAMIDE 
- ◯ UNA CATTEDRALE 

LA TUA MEMORIA!

2

Che cosa istituì Carlo Magno in ogni città e in ogni convento?

- UN TEATRO 
- UNA CHIESA 
- UNA SCUOLA 

4

Che cosa ricevette Mosè da Dio sul monte Sinai?

- UN AGNELLO SACRO 
- UN ANELLO 
- LE TAVOLE DELLA LEGGE 
- UNA SPADA 

5

Chi era Vercingetorige?

- IL RE DEI PESCI 
- IL RE DEI VENTI 
- IL RE DEI GALLI 

LE SOLUZIONI

1 Elefanti ■ **2** Una scuola ■ **3** Una piramide ■ **4** Le Tavole della Legge ■ **5** Il re dei Galli

Guglielmo il Conquistatore

Lo sbarco. I Vichinghi, in tanti anni di incursioni, non erano mai riusciti a conquistare l'Inghilterra. Ci riuscì, nel 1066, un loro discendente: Guglielmo I, figlio di Roberto, duca di Normandia. Guglielmo attraversò il mare con 1400 navi e, sbarcato sulla costa inglese, vinse una storica battaglia presso Hastings.

Guglielmo dimostrò di essere un grande condottiero soprattutto nella battaglia di Hastings. Aroldo, il nobile sassone che si considerava re legittimo di Inghilterra, sembrava che stesse per vincere con il suo esercito. Guglielmo finse una precipitosa ritirata, ma subito dopo contrattaccò di sorpresa e sconfisse le schiere inglesi.

Duca a otto anni. Il padre di Guglielmo era andato in Oriente e non era più tornato. A otto anni Guglielmo governava già il ducato di Normandia con l'aiuto di un consigliere, ma questi era odiato dai nobili, che un giorno lo assassinarono nella stanza di Guglielmo, davanti al ragazzo. Le potenti famiglie dei nobili volevano assassinare anche lui, ma Guglielmo, protetto dal re di Francia, sbaragliò in battaglia tutti i nemici e rase al suolo i loro castelli.

I Normanni di Guglielmo sbarcano in Inghilterra e sbaragliano i Sassoni ad Hastings.

Guglielmo rade al suolo i castelli dei nobili ribelli.

Re d'Inghilterra. Una volta sconfitte tutte le potenti famiglie anglosassoni, Guglielmo concesse terre e cariche ai suoi guerrieri Normanni. Pochi mesi dopo, a Natale, si fece incoronare re d'Inghilterra a Westminster. Impiegò altri quattro anni per sottomettere anche le terre più a nord.

Un sovrano assoluto. Guglielmo non volle mai ascoltare il parere del Parlamento, l'assemblea nazionale dei nobili inglesi, e per governare si appoggiò solo a pochi fidati consiglieri.

L'ultima battaglia. Filippo I, re di Francia, temeva molto il crescente potere del sovrano inglese e, da tempo, si era alleato con i suoi nemici interni. Per questo, nel 1087 Guglielmo entrò in guerra contro i Francesi e per punire Filippo ordinò di incendiare la città di Mantes. Ma durante l'assedio rimase ferito gravemente e dopo poco morì.

Federico Barbarossa

Papa e imperatore. Erano passati più di 300 anni da quando Leone III aveva incoronato Carlo Magno. Da allora il papa era diventato più importante dell'imperatore: era lui a nominarlo e a garantirgli l'obbedienza dei cristiani.

L'affronto. Sceso a Roma per farsi incoronare imperatore, Federico non volle sottomettersi al pontefice. Di fronte al papa, si rifiutò di scendere da cavallo per reggergli le briglie, come voleva il cerimoniale. Fu una gravissima offesa per il pontefice, che da quel momento fu suo nemico.

Il Barbarossa. Federico di Svevia aveva ereditato l'impero nel 1152. Era detto "il Barbarossa" per la sua barba color del rame, ed era un guerriero valoroso e intelligente. A Federico non piaceva il potere conquistato dal papa.

Federico era nipote dell'imperatore Corrado e suo successore. Principi e vescovi lo incoronarono dapprima re di Germania ad Aquisgrana, sulla tomba di Carlo Magno.

Le città italiane non volevano riconoscere il Barbarossa come sovrano e si erano schierate con il Papa. Federico allora riunì i più grandi giuristi dell'epoca a Roncaglia, e lì fece mettere per scritto i diritti che spettavano all'impero, anche sulle città italiane.

I comuni ribelli. Forte dei diritti che gli erano stati riconosciuti a Roncaglia, l'imperatore impose ai comuni italiani di abbattere le mura difensive. Molti rifiutarono di farlo. Fra questi Milano, che fu assediata per sette mesi finché, stremata, chiese la pace.

Il carroccio. Per contrastare il papa, Federico nominò un antipapa. Ma mentre si trovava a Roma, il suo esercito fu colpito dalla peste. I comuni lombardi allora si riunirono in una lega e, quando l'imperatore scese in Italia con un nuovo esercito, lo affrontarono in battaglia stretti attorno al loro simbolo, il carroccio. Il Barbarossa fu sconfitto.

Il carroccio era un grande carro sormontato da un altare e da una croce, simbolo della libertà dei comuni.

In Terrasanta. Federico riuscì ad accordarsi con i comuni e la pace ritornò nelle città lombarde. Volle allora partire per la Terrasanta, per liberare Gerusalemme dai Musulmani. Ma morì attraversando un fiume, travolto dalla corrente impetuosa e impacciato dalla sua pesantissima armatura.

Gengis Khan

Capo di un popolo di nomadi, i Mongoli, Gengis Khan passò la vita a cavallo, dormendo sempre sotto una tenda.

Un sovrano senza reggia. Gengis Khan, re dei Mongoli, fu uno dei sovrani più potenti che siano esistiti, eppure non ebbe mai una reggia, né una casa in muratura. I Mongoli vivevano di pastorizia e di saccheggi, e le varie tribù erano sempre in guerra tra loro. Gengis Khan le riunì (fondando l'Impero Mongolo, nel 1206) e le guidò alla conquista di quasi tutte le terre allora conosciute. Da giovane il grande condottiero si chiamava Temujin. La leggenda narra che i capi dei Mongoli, riuniti in un bosco per nominarlo loro sovrano, discutevano sul nome da dargli, quando un'allodola cantò: «Gen-gis, Gen-gis». E questo fu il nome che diedero al loro capo.

Un giorno Gengis Khan fu ferito in battaglia. Quando gli portarono davanti il guerriero che l'aveva ferito, tutti si aspettavano che lo uccidesse, invece lo nominò capo di un reparto del suo esercito, per premiarlo del coraggio dimostrato.

Oltre la Muraglia. Dopo aver sconfitto i Tartari, decise di conquistare la Cina. Con un esercito di 200 mila uomini superò la Grande Muraglia, distrusse città e paesi, e arrivò fin sotto la capitale Pechino.

Sottomessa la Cina, Gengis Khan volle conquistare i potentissimi imperi musulmani. Le sue orde uccisero 15 milioni di uomini prima di impossessarsi delle città arabe. Per dimostrare il suo disprezzo verso la religione di Maometto, entrò a cavallo in una moschea calpestando morti, oggetti sacri e il Corano.

Pechino in fiamme. Pechino resistette a lungo all'assedio, ma alla fine dovette cedere. La popolazione fuggì, il palazzo imperiale bruciò per un mese e la capitale diventò un ammasso di rovine.

La caduta. Tornato alle sue steppe natie, Gengis Khan iniziò a studiare il modo per rendere uniti i paesi conquistati. Ma un giorno cadde da cavallo e si ferì. Nessuno riuscì a guarirlo e morì sul suo carro, senza un successore.

Riccardo Cuor di Leone

Le Crociate. I seguaci di Maometto avevano conquistato anche i luoghi sacri per i cristiani, quelli in cui era vissuto Gesù Cristo. Il papa allora invitò

tutti i sovrani europei ad andare in Terrasanta per combattere i musulmani e liberare Gerusalemme e il santo sepolcro di Gesù. Molti partirono sotto il simbolo della croce. Le loro imprese furono chiamate Crociate e, nell'arco di 200 anni, vi parteciparono molti principi e re. Tra questi c'era Riccardo I d'Inghilterra, detto "Cuor di Leone" per il suo coraggio.

viaggio per la Terrasanta

Verso la Terrasanta. Riccardo, appena diventato re d'Inghilterra nel 1189, vendette tutti i suoi beni, svuotò le casse del regno e partì per la Terrasanta con una flotta numerosa. Aiutò gli altri crociati nella presa di San Giovanni d'Acri, dove fece costruire grandi macchine da guerra che rovesciavano piogge di pietre sui nemici.

la presa di San Giovanni d'Acri

Gerusalemme fu più volte conquistata e perduta, perché non c'era accordo tra i capi cristiani e perché molti di essi, invece di seguire la fede, pensarono soltanto ad arricchirsi.

Il Saladino. La fama del coraggio di Riccardo giunse anche al campo nemico. Il Saladino, capo supremo dei musulmani, aveva molta stima di lui e gli mandò cibi e medicine. Riccardo dovette però rientrare in gran segreto in Inghilterra, dove suo fratello tramava per impossessarsi del regno.

Contro Giovanni Senzaterra. Tornato in Inghilterra di nascosto, Riccardo si fece riconoscere dai suoi fedeli, i quali lo accolsero in trionfo, e sconfisse il fratello Giovanni Senzaterra.

In Austria, Riccardo fu riconosciuto da un principe nemico e fatto prigioniero. Dopo due anni pagò un riscatto di 100 mila sterline d'oro e ottenne la libertà.

In Francia. Il re di Francia, Filippo Augusto, aveva sempre tramato contro Riccardo, togliendogli anche alcune terre in Normandia. Sbarcato in territorio francese, Riccardo lo combatté a lungo. Ma durante un assedio fu colpito da una freccia e morì.

VITA NEL CASTELLO

Oltre al re, chi vive in un castello?

I cavalieri andavano a caccia con il falcone.

Tra le armi più usate c'erano la balestra e la lancia.

I giullari divertivano i signori del castello con scherzi e giochi.

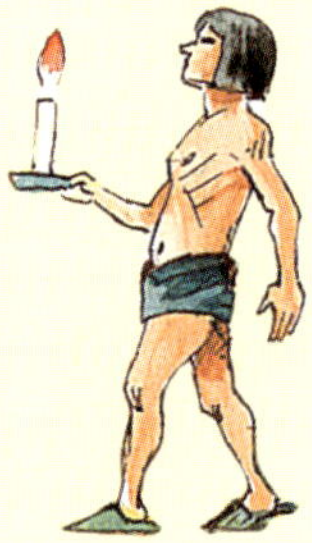

Nel castello le sale erano illuminate con le sole candele.

Sapresti ritrovare tutti questi personaggi nelle stanze del castello?

Nei banchetti veniva servita molta carne.

I bambini imparavano presto a usare le armi.

I monaci si occupavano di ricopiare a mano libri e documenti.

Per nominare un cavaliere gli veniva imposta una spada sulla spalla.

Le dame del castello vivevano ritirate nelle loro stanze.

Giovanna d'Arco

Il re debole. Siamo nel 1400. Dopo una serie di guerre, la Francia è occupata per tre quarti dagli Inglesi. Solo una piccola parte è in mano a Carlo VII, il re di Francia debole e indeciso.

La giovane pastorella. Giovanna d'Arco era una pastorella che non sapeva né leggere, né scrivere. Eppure, a soli diciassette anni, osò presentarsi al re: gli disse di essere stata mandata da Dio per aiutarlo a liberare la Francia e gli chiese un esercito e un'armatura. Il suo entusiasmo convinse Carlo VII, che la mise a capo di 8000 uomini, mandandola a liberare la città di Orléans, assediata dagli Inglesi.

L'assedio di Orléans. Giovanna dimostrò subito il suo valore. Non solo liberò Orléans, ma sbaragliò gli Inglesi in una memorabile battaglia dove morirono 2000 nemici mentre, secondo la leggenda, i Francesi persero solo tre uomini.

L'esercito francese guidato da Giovanna d'Arco esulta dopo la battaglia di Orléans.

A Reims. Dopo la battaglia di Orléans tutti i soldati francesi volevano combattere sotto la guida di Giovanna. Sotto il suo comando fu conquistata di slancio Reims, la città sacra ai re di Francia, e nella cattedrale Carlo VII fu solennemente incoronato re.

Anche Parigi era in mano agli Inglesi. Durante l'assedio della città Giovanna fu ferita e dovette ritirarsi.

La salvatrice della Francia. Pochi anni dopo la morte di Giovanna, fu di nuovo fatto il processo e la giovane, uccisa così crudelmente, fu proclamata innocente e considerata la vera salvatrice della Francia.

La condanna al rogo. Le grandi gesta e le numerose vittorie attirarono su Giovanna d'Arco l'invidia di generali e cortigiani, che iniziarono a tramare contro di lei. Di ritorno da una spedizione, fu catturata e finì in mano agli Inglesi. Il suo re non fece niente per liberarla e Giovanna, imprigionata e incatenata, fu processata per cinque mesi. Rispose sempre con fierezza ai giudici, ma alla fine fu ritenuta colpevole di eresia e di stregoneria, e condannata al rogo nel 1431.

Giovanna d'Arco fu venduta agli Inglesi dai sostenitori del duca di Borgogna, che rivendicava per sé il trono di Francia.

Topa Inca

Il regno sui monti. Circa 100 anni prima che Cristoforo Colombo scoprisse l'America, sulle Ande, dove oggi c'è il Perù, era nato il potente impero degli Inca. Tupac Yupanqui, conosciuto anche come Topa Inca, ne fu il più grande imperatore. Era considerato figlio del dio Sole e poche persone potevano avvicinarlo. Viveva a Cuzco in una reggia meravigliosa, con le più belle fanciulle dell'impero come ancelle. Indossava tessuti fatti con la lana di un animale sacro, la vigogna, e nessuno poteva toccare le sue vesti.

Circondato d'oro. Nell'Impero c'era grande abbondanza di oro e Topa Inca, una volta diventato imperatore, si fece costruire accanto alla reggia un giardino con piante a grandezza naturale, uccelli e animali... tutto in oro massiccio!

Gli Inca vivevano di agricoltura e pastorizia. Topa Inca ogni primavera inaugurava il lavoro nei campi: con una zappa d'oro rompeva la prima zolla di terra.

I soldati Inca erano abilissimi a lanciare sassi con le fionde.

Le mummie. Il corpo dei sovrani Inca era considerato sacro e per questo dopo la morte veniva imbalsamato e conservato nella reggia. Quando Topa Inca partecipava a feste e a cerimonie teneva sempre vicina la mummia del padre Pachacuti.

I misteri degli Inca. In tutto l'impero Topa Inca fece costruire grandi fortezze con enormi pietre perfettamente squadrate. Ma gli Inca non conoscevano né la ruota, né i cavalli, come sono riusciti a trasportarle? Inoltre, migliaia di impiegati tenevano nota di tutto ciò che si produceva nell'impero. Ma gli Inca non sapevano scrivere...

Per fare i conti, gli Inca usavano cordicelle annodate: la disposizione dei nodi indicava i numeri.

Gli Inca, che non avevano i cavalli, e non conoscevano ancora la ruota, si spostavano a piedi. Nonostante ciò, Topa Inca fece costruire larghe strade attraverso l'impero, con magazzini di viveri e armi distanti una giornata di cammino l'uno dall'altro.

LO SAPEVI CHE...?

Gli Inca erano abilissimi coltivatori. Da loro gli europei hanno imparato a coltivare le patate, le zucche e l'ananas.

Carlo V

Re e imperatore. Carlo era nipote di un re e di un imperatore. Quando, nel 1516, il re di Spagna Ferdinando d'Aragona morì senza eredi diretti, la corona toccò a lui: aveva solo sedici anni. Qualche anno dopo morì il nonno, l'imperatore Massimiliano d'Asburgo, e Carlo fu eletto anche imperatore del Sacro Romano Impero, come Carlo V. Era il 1520 e buona parte dell'Europa, dopo decenni di divisioni e guerre, tornava unita sotto un solo scettro.

Carlo V era molto religioso, ma sotto il suo regno alcuni dei suoi soldati mercenari saccheggiarono Roma, costringendo il pontefice a nascondersi. Fu il famoso Sacco di Roma.

Il grande nemico. Il re di Francia Francesco I non sopportava che il suo regno fosse circondato da ogni parte dai territori del re di Spagna Carlo V. Gli dichiarò guerra e cercò alleati persino tra i Turchi, pur di sconfiggerlo. Ma non ci riuscì. Una delle battaglie più furiose tra Spagnoli e Francesi si svolse a Pavia. Francesco I fu fatto prigioniero per molti mesi.

la battaglia di Pavia

LO SAPEVI CHE...?

La battaglia di Pavia fu una delle prime in cui si fece largo uso di cannoni e altre armi da fuoco.

I Turchi. I Turchi erano sempre più potenti e minacciavano di invadere l'Europa. Nel 1535 Carlo V organizzò una grande spedizione navale e conquistò Tunisi, la loro fortezza.

Le nuove terre. Intanto, coraggiosi esploratori furono mandati a conquistare terre oltremare, allargando così i confini dell'Impero sul quale, come diceva Carlo, "non tramontava mai il Sole".

Carlo V amava molto la pittura. Il suo artista prediletto era Tiziano. Un giorno al pittore cadde un pennello e l'imperatore si chinò a raccoglierlo. A chi si meravigliava Carlo rispose: «Tiziano merita di essere servito anche da un re».

La rinuncia. Dopo tanti anni di battaglie Carlo, stanco, rinunciò all'impero e si ritirò in una casetta vicino a un convento, per leggere e meditare. Nel suo tranquillo rifugio visse due anni. Un giorno chiese ai frati di celebrargli una cerimonia funebre, a cui assistette. Due settimane dopo morì.

Elisabetta I

Una grande regina. Anche l'Inghilterra, come il resto dell'Europa, era stata a lungo tormentata da guerre e lotte interne, soprattutto tra cattolici e protestanti. Quando il re Enrico VIII morì, diventò regina Maria la Cattolica, la quale fece subito imprigionare la sorellastra Elisabetta, protestante, perché non le contendesse il regno. Ma il suo intento fallì: gli Inglesi, che erano per la maggior parte protestanti, nel 1558 proclamarono regina Elisabetta.

Fu una regina colta e intelligente: riuscì a pacificare il regno, governando con astuzia e saggezza, e trasformò l'Inghilterra in una nazione ricchissima e molto potente.

L'età d'oro. Elisabetta favorì gli studi, la cultura e il progresso in ogni campo. Incoraggiò i commerci con le nuove terre scoperte e premiò gli inventori e gli artigiani che costruivano nuovi strumenti di lavoro. Si occupò molto dei poveri e dei disoccupati, facendo promuovere leggi in loro favore. Favorì il nascere delle prime industrie, come quelle che sfruttavano il ferro e il carbone estratti dalle miniere inglesi.

Le navi dell'Invincibile Armata spagnola affrontano la flotta di Elisabetta I.

Sotto Elisabetta fiorirono la poesia e la letteratura. Nel 1558 uscì il primo giornale quotidiano, mentre nei teatri si rappresentavano le opere di un grande autore: Shakespeare.

Nel 1584 un suddito di Elisabetta fondò la prima colonia inglese nell'America del Nord. In onore di Elisabetta, che era vergine e non aveva mai voluto sposarsi, chiamò la nuova terra Virginia.

La regina e il corsaro. Per indebolire i suoi avversari europei, Elisabetta I si accordò con il corsaro Francis Drake perché assalisse e depredasse le navi spagnole e portoghesi quando queste ritornavano dalle colonie cariche d'oro.

L'Invincibile Armata. Il re di Spagna, irritato dalle scorrerie di Francis Drake, decise di invadere l'Inghilterra. Preparò una flotta così grande e temibile che venne chiamata "Invincibile Armata". Ma le navi spagnole non riuscirono neppure ad avvicinarsi alle coste inglesi. Per Elisabetta fu un grande trionfo.

NEL MEDIOEVO E NEL RINASCIMENTO

Come vestivano

Inca

Mongoli

Vichinghi

Arabi

Normanni (1070) Inglesi (1350)

Italiani (1500) Dama inglese (1580)

Nobile spagnolo

Come combattevano

Oliver Cromwell

Sotto Carlo I. Elisabetta I aveva reso potentissima la monarchia inglese. Questo non piaceva ai nobili inglesi che, sotto Carlo I, si ribellarono. Il re, con una serie di intrighi, fomentò l'odio e la divisione tra i sudditi e molti furono perseguitati solo perché sostenevano i diritti dei cittadini.

Un nobile contadino. Oliver Cromwell apparteneva alla piccola nobiltà di campagna e in gioventù era stato un esperto agricoltore. Poi, a ventinove anni era diventato deputato. Entrato in Parlamento, iniziò la lotta contro lo strapotere del re.

La Repubblica. Dopo numerose battaglie Carlo I fu catturato mentre cercava di fuggire e decapitato nel 1649. Cromwell instaurò una Repubblica, ma in realtà si trattava di una dittatura, perché tenne per sé tutti i poteri del re, con il titolo di Lord Protettore. Sciolse, inoltre, il Parlamento nominando un ristretto numero di consiglieri tra i suoi fedelissimi.

Cromwell scioglie il Parlamento e si nomina Lord Protettore.

Le navi olandesi affrontano le navi inglesi in battaglia.

Guerre e trattati. Cromwell combatté contro Olanda e Spagna e costrinse l'Olanda ad accettare un trattato: tutto il commercio con le colonie d'oltremare doveva servirsi, per il trasporto, di navi inglesi. In questo modo creò le basi per la nascita dell'immensa ricchezza commerciale inglese.

Il ritorno del re. Cromwell aveva combattuto il re perché opprimeva il popolo. Ma lui, da dittatore, non si comportò diversamente e il popolo, sobillato dai nobili, incominciò a odiarlo. Poco dopo la sua morte il Parlamento proclamò Carlo II nuovo sovrano di Inghilterra. Era il 1658 e la Repubblica era durata solo pochi anni.

Luigi XIV

Un sovrano assoluto. Quando nel 1654 salì al trono Luigi XIV, la Francia era al massimo del suo splendore. Luigi però non fu un buon sovrano. Pretese di governare da solo, senza consultare né il Parlamento, né i ministri, che erano solo esecutori dei suoi ordini. Il popolo era oppresso dalle tasse, mentre il re viveva nel lusso.

Nessuna libertà. Chi non era d'accordo con il re veniva messo in prigione senza processo. I giornali scrivevano solo quello che voleva il re senza potersi ribellare, e il Parlamento non aveva voce in capitolo.

ministri senza poteri

Il Re Sole. Come il Sole è al centro del nostro universo, così Luigi si credeva al centro di tutta la vita della Francia, per questo si fece chiamare "Re Sole". Non contento della reggia di Parigi, se ne fece costruire una poco lontano, a Versailles, spendendovi grandi somme.

repressione della libertà di pensiero

la reggia di Versailles

a Versailles

■ Per controllare i nobili, il Re Sole li costrinse a trasferirsi nella reggia di Versailles. Qui, tra feste, pranzi e cacce, la vita era molto dispendiosa e per mantenersi nel lusso i nobili dovevano ottenere sempre nuovi favori dal re. Mentre a Versailles si viveva nella ricchezza sfrenata, nelle città e nelle campagne la gente non aveva il necessario per vivere: il popolo soffriva la fame. Ci furono varie rivolte a Parigi e iniziò a maturare la ribellione, che sarebbe sfociata nella Rivoluzione Francese.

a Parigi

■ **Le guerre.** Luigi XIV regnò per oltre 50 anni. Per sete di nuove conquiste e per procurarsi denaro per finanziare gli splendori di Versailles, combatté contro la Spagna, l'Olanda e la Germania, ma ogni volta le campagne militari finirono male e la Francia a poco a poco perse il suo prestigio.

■ **Gli ugonotti e il declino.** Il Re Sole tolse la libertà di culto agli ugonotti, i Francesi protestanti, che furono costretti a fuggire all'estero. Gli ugonotti erano borghesi ricchi e laboriosi, e la Francia senza di loro si impoverì. Quando Luigi XIV morì, le casse del regno erano ormai vuote e le tasse non bastavano più a pagare le spese della corte: la potenza della Francia era ormai in declino.

la fuga degli ugonotti

Federico il Grande

Lo stato guerriero. Nel cuore dell'Europa c'era un piccolo stato che avrebbe avuto un grande futuro: la Prussia. Il re di Prussia, Federico Guglielmo I, si considerava soprattutto un generale, non aveva una reggia lussuosa come gli altri sovrani, ma spendeva tutte le ricchezze per formare un forte esercito. Era molto severo con il figlio, Federico, e voleva farne un valoroso soldato.

Federico era sempre scortato da uomini fidati del re, fin da piccolo doveva portare la divisa da ufficiale ed esercitarsi nell'uso delle armi.

Contro il padre. Federico non sopportava la severa disciplina del padre. Amava la cultura, l'arte e la musica, e appena poteva si rifugiava con un amico in una casa segreta a Berlino, dove aveva una ricchissima biblioteca. Quando il padre lo scoprì, Federico dovette cedere e abbandonare gli studi. Di lì a poco sarebbe diventato un ottimo generale.

Federico era un appassionato letterato e un buon musicista. Scriveva poesie, componeva musica e suonava il flauto.

L'invasione della Slesia. Alla morte del padre, nel 1740, salì al trono con il nome di Federico II, invase a tradimento la grande regione della Slesia, che apparteneva all'impero d'Austria, e la conquistò.

la guerra dei Sette Anni

La guerra dei Sette Anni. I grandi stati europei erano preoccupati per il crescente potere della Prussia e, guidati dall'Austria, formarono una grande alleanza per sconfiggere Federico. Scoppiò una guerra che durò sette anni (dal 1756 al 1763) e che coinvolse molte nazioni. La guerra non ebbe vinti né vincitori, ma Federico non restituì le terre conquistate: per ingrandirsi ancora, propose ad Austria e Russia di spartirsi i territori della Polonia. Così fu e la Prussia, ormai imbattibile, si avviò a diventare la base della potenza germanica.

Le riforme. A differenza del padre, Federico si fece costruire una bella reggia e si circondò di letterati e filosofi, riprendendo gli studi che aveva sempre amato. Ottenne la gratitudine del popolo promuovendo importanti riforme, come l'abolizione della tortura e l'istituzione di grandi magazzini di Stato affinché il grano per il pane non mancasse mai ai suoi sudditi, nemmeno nei periodi di carestia.

Un poeta intrattiene gli ospiti in presenza di Federico.

Caterina di Russia

L'impero russo. Da appena 100 anni la Russia era diventata una nazione "civile", con una corte imperiale che gareggiava in lusso e splendore con le altre corti europee. I nobili parlavano francese e apprezzavano le opere d'arte, i buoni libri, la buona musica.

Vita a corte. Pietro non era bello, né intelligente e invece di prepararsi a governare perdeva il suo tempo in giochi e passatempi. Sofia Augusta Federica sopportò tutti i difetti del marito, studiò il russo, accettò di convertirsi alla religione ortodossa e fu ribattezzata Caterina. Imparò a vivere a corte e a trattare con ministri e ambasciatori, conquistandosi l'amicizia di uomini importanti, politici e generali.

Il messo. Sofia Augusta Federica viveva in Germania ed era parente della famiglia imperiale russa. Aveva quindici anni quando fu scelta dalla zarina Elisabetta come sposa dell'erede al trono, Pietro III. Un messo dell'impero un giorno si presentò a lei per chiederle di partire subito per la Russia: il principe l'aspettava per sposarla.

Caterina affronta il lungo viaggio dalla Germania per raggiungere la corte russa.

Il complotto. Nel 1762 Pietro divenne imperatore, ma il suo regno fu breve. Caterina aspettò che lo zar fosse lontano dalla capitale e, d'accordo con alcuni generali a lei fedeli, si fece proclamare imperatrice. Non ci fu bisogno di combattere: l'imperatore rinunciò subito al trono e poco dopo morì misteriosamente.

Per impadronirsi del potere, Caterina salì a cavallo vestita da ufficiale e guidò i suoi uomini contro la Guardia Imperiale del marito.

Caterina promosse molte riforme, sviluppò i commerci, fondò nuove città, incoraggiò lo studio e volle che anche le donne (ma solo le nobili) andassero a scuola. Sotto il suo regno la Russia diventò una grande potenza.

Le rivolte. Per farsi amici i nobili, Caterina concesse loro molti privilegi, a scapito dei contadini e della povera gente. Il malcontento tra il popolo era grande e portò a numerose rivolte, tutte soffocate nel sangue. La più famosa fu quella dei contadini guidati da Pugacev, che durò un anno e mezzo.

George Washington

■ **Gli Stati Uniti.** Washington, la capitale degli Stati Uniti d'America, prende il nome dal valoroso generale che guidò la lotta contro gli Inglesi e portò i coloni americani all'indipendenza. Era il 4 luglio 1776 quando fu proclamata la Dichiarazione di Indipendenza. Dopo pochi anni nacquero gli Stati Uniti d'America.

George Washington, a soli ventitré anni, viene promosso colonnello dell'esercito coloniale inglese.

■ **Le prime imprese.** George Washington era nato nel 1732 in Virginia da ricchi proprietari terrieri. Trascorse una giovinezza avventurosa vivendo per anni nelle foreste e tracciando una mappa di territori inesplorati. Diventato ufficiale dell'esercito coloniale inglese, attraversò le montagne del nord per convincere i Francesi del Canada a non sconfinare nelle colonie di lingua inglese. La risposta francese fu negativa, ma per il suo coraggio nell'impresa Washington fu promosso colonnello.

LO SAPEVI CHE...?

Il volto di Washington è scolpito sul Monte Rushmore, nel Dakota del Sud, insieme a quello di Abramo Lincoln, Thomas Jefferson e Theodore Roosevelt.

■ **La tassa sul tè.** L'Inghilterra aveva imposto pesanti tasse ai coloni americani. Un giorno, per protestare contro la tassa sul tè, alcuni uomini travestiti da indiani salirono su tre navi inglesi a Boston e buttarono in mare l'intero carico di tè. Ormai c'erano tutte le premesse per la rivolta.

■ **La rivoluzione.** Nel 1774 e nel 1775 si riunirono a Filadelfia i primi congressi degli Americani. I rappresentanti delle tredici colonie decisero di insorgere contro i rappresentanti del re d'Inghilterra.

Congresso di coloni a Filadelfia.

■ George Washington fu nominato comandante supremo delle truppe ribelli. La guerra contro gli Inglesi fu lunga. Più volte i rivoluzionari furono sconfitti, ma alla fine, nel 1781 a Yorktown, Washington costrinse gli avversari alla resa.

■ **Washington Presidente.** Dopo la vittoria, Washington volle dare l'addio all'esercito e tornò alla sua terra, in Virginia. Ma gli Stati Uniti avevano ancora bisogno di lui. Alle prime elezioni, volute dalla nuova Costituzione, quasi tutti gli Americani scelsero Washington come loro primo Presidente. Era il 1789 e rimase in carica per otto anni.

Washington brinda con i suoi ufficiali alla nuova Patria, prima dell'addio all'esercito.

Napoleone

■ **Dopo la Rivoluzione.** Il popolo francese era insorto contro i privilegi dei nobili, e la Francia era stata devastata dalla Rivoluzione. Per difendere la nuova Repubblica, nata dopo l'uccisione del re Luigi XVI, i Francesi affidarono il loro esercito a un giovane generale, Napoleone Bonaparte.

■ **La scuola militare.** Napoleone era nato in Corsica nel 1769 da una modesta famiglia. A dieci anni andò a studiare in Francia, seguì la scuola militare e diventò ufficiale.

Napoleone in Italia

■ **La campagna d'Italia.** La prima impresa di Napoleone fu la campagna contro gli Austriaci, i più accaniti nemici della nuova Repubblica. Li sconfisse più volte in Italia, dando prova delle sue capacità strategiche.

■ **In Egitto.** Napoleone passò poi in Egitto, che era dominato dagli Inglesi, e presso le piramidi vinse una memorabile battaglia. Poco dopo però, il 1º agosto 1798, la sua flotta venne sgominata e distrutta da quella inglese.

sconfitta in Egitto

Dopo le sue continue vittorie, Napoleone venne nominato capo dello Stato. Cinque anni dopo, papa Pio VII lo incoronò imperatore nella cattedrale di Parigi. La Repubblica era già finita.

L'Europa in fiamme. Dopo l'incoronazione, Napoleone partì alla conquista dell'Europa. Vinse e sbaragliò decine di eserciti. Gli altri Stati unirono le loro forze per fermarlo, ma tutto sembrava inutile. Nel 1812 Napoleone attaccò la Russia, avanzò fino a Mosca ma, arrivato l'inverno, la neve e il freddo sconfissero i soldati. Durante la ritirata persero la vita nella neve 400 mila uomini. I nemici coalizzati incalzarono a lungo e sconfissero i Francesi.

I Cento giorni. Napoleone fu fatto prigioniero e portato nell'isola d'Elba. Presto però fuggì, formò un nuovo esercito e marciò su Parigi, guidando di nuovo i Francesi alla guerra. Dopo cento giorni fu definitivamente sconfitto a Waterloo.

LO SAPEVI CHE...?

Napoleone ha fatto anche importanti leggi, ispirate all'eguaglianza dei diritti e dei doveri, costruito molte strade e favorito il nascere delle industrie.

L'esilio a Sant'Elena. Questa volta Napoleone fu imprigionato in un posto da cui non poteva fuggire: Sant'Elena, un isolotto sperduto nell'oceano, dove morì il 5 maggio 1821.

Simon Bolìvar

Il Sudamerica. Al tempo della Rivoluzione francese l'America del Sud era un'immensa colonia sotto il dominio della Spagna e del Portogallo. Tutte le ricchezze e le terre erano in mano a pochissime famiglie di nobili, mentre il resto della popolazione era costretta a vivere nella più assoluta miseria.

Simon Bolìvar nacque nel 1783 in una nobile famiglia di Caracas, la città più importante del Venezuela. Nel 1805 giurò sul Monte Sacro di dedicare la vita alla lotta per l'indipendenza della sua patria.

La rivolta dei coloni. Come era successo per le colonie del Nordamerica, si fece strada l'idea che anche l'America del Sud dovesse liberarsi dalla servitù. Ma per scacciare i soldati stranieri e combattere le ricche famiglie dei proprietari terrieri ci voleva un capo che guidasse la rivolta dei coloni.

La "Grande Colombia". Bolìvar cercò amici disposti a combattere con lui per cacciare gli Spagnoli. Sognava una federazione degli stati dell'America del Sud, che avrebbe chiamato "Grande Colombia".

L'insurrezione. L'ora dell'insurrezione scoccò quando Napoleone invase la Spagna. Poco dopo gli uomini di Bolìvar cacciarono gli Spagnoli da Caracas e il Venezuela nel 1811 fu dichiarato indipendente. La gioia degli insorti però durò poco: la Spagna inviò rinforzi e l'esercito riconquistò le città ribelli.

Oltre le Ande. In tutte le colonie spagnole si combatté a lungo e vi furono orribili massacri. Alla fine, Caracas fu di nuovo liberata, per sempre. Bolìvar decise allora di liberare anche le altre colonie. Con un esercito di coraggiosi valicò l'altissima catena delle Ande e cacciò gli Spagnoli da Perù, Equador e Nueva Granada, l'attuale Colombia.

Poco dopo l'insurrezione, il Giovedì Santo del 1812 un terremoto distrusse Caracas. Molti pensarono a una punizione divina.

Il Libertador e la Bolivia. Bolìvar venne chiamato "Il Libertador", ma non riuscì a realizzare il suo sogno della "Grande Colombia" unita. Divisi da invidie e gelosie, i territori liberati vollero rimanere separati. Si formarono tanti stati indipendenti e uno di questi, da Bolìvar, si chiamò Bolivia.

l'alta catena delle Ande

QUIZ

METTI ALLA PROVA

1 Chi era Giovanna d'Arco?

- ◯ UNA REGINA
- ◯ UNA FIORAIA
- ◯ UNA FATA
- ◯ UNA PASTORELLA

3 Dove viveva Gengis Khan?

- ◯ IN UN GRANDE PALAZZO
- ◯ IN UN CASTELLO
- ◯ IN UNA PIRAMIDE
- ◯ SOTTO UNA TENDA

LA TUA MEMORIA!

2 Come veniva chiamato Luigi XIV?

- ◯ IL RE LEONE 
- ◯ IL RE SOLDATO 
- ◯ IL RE SOLE 

4 Qual era il simbolo dei Crociati in Terrasanta?

- ◯ UNA PIUMA 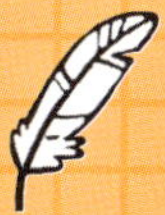
- ◯ UNA FRECCIA 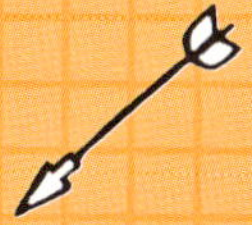
- ◯ UNA CROCE 
- ◯ UN LIBRO 

5 Dove trascorse Napoleone gli ultimi anni della sua vita, in esilio?

- ◯ IN PRIGIONE 
- ◯ SU UN'ISOLA 
- ◯ NEL DESERTO 
- ◯ IN UN CASTELLO 

LE SOLUZIONI

1 Una pastorella ■ **2** Il Re Sole ■ **3** Sotto una tenda ■ **4** Una croce ■ **5** Su un'isola

INDICE ANALITICO